Superando
Aflições

Solicite nosso catálogo completo, com mais de 350 títulos, onde você encontra as melhores opções do bom livro espírita: literatura infantojuvenil, contos, obras biográficas e de autoajuda, mensagens espirituais, romances palpitantes, estudos doutrinários, obras básicas de Allan Kardec, e mais os esclarecedores cursos e estudos para aplicação no centro espírita – iniciação, mediunidade, reuniões mediúnicas, oratória, desobsessão, fluidos e passes.

E caso não encontre os nossos livros na livraria de sua preferência, solicite o endereço de nosso distribuidor mais próximo de você.

Edição e distribuição

EDITORA EME
Caixa Postal 1820 – CEP 13360-000 – Capivari – SP
Telefones: (19) 3491-7000 | 3491-5449
Vivo (19) 99983-2575 ❂ | Claro (19) 99317-2800
vendas@editoraeme.com.br – www.editoraeme.com.br

Marcus De Mario

Superando
Aflições

Capivari-SP
– 2018 –

© 2017 Marcus De Mario

Os direitos autorais desta obra foram cedidos pelo autor para a Editora EME, o que propicia a venda dos livros com preços mais acessíveis e a manutenção de campanhas com preços especiais a Clubes do Livro de todo o Brasil.

A Editora EME mantém o Centro Espírita "Mensagem de Esperança" e patrocina, junto com outras empresas, instituições de atendimento social de Capivari-SP.

1ª reimpressão – junho/2018 – de 3.001 a 4.000 exemplares

CAPA | Marco Melo
PROJETO GRÁFICO E DIAGRAMAÇÃO | Marco Melo
REVISÃO | Editora EME

Ficha catalográfica

De Mario, Marcus, 1955
   Superando aflições – desenvolvendo a espiritualidade /
Marcus De Mario – 1ª reimp. jun. 2018 – Capivari-SP: Editora
EME.
   200 p.

   1ª ed. dez. 2017
   ISBN 978-85-9544-036-4

1. Autoajuda. 2. Textos motivacionais. 3. Renovação de atitudes.
4. Espiritualidade.
I. TÍTULO.

CDD 133.9

SUMÁRIO

Começar outra vez 9

Apresentação 11

1. O que você quer da vida? 15

2. Desculpe, o erro foi meu 21

3. Cuide da sua vida 27

4. Mãe, eu preciso de você 33

5. A (in)justiça pelas próprias mãos 39

6. Não se deixe abater 45

7. Desafios da vida familiar 51

8. Dinheiro e felicidade 57

9. Cuidando da saúde emocional 63

10. Eu e a internet 69

11. Fazer o bem e viver em paz 75

12. Fique com Jesus 81

13. A bebida e os espíritos 87

14. A cura da insatisfação 93

15. Sejamos cartas vivas 99

16. A paciência é melhor 105

17. As aflições e você 111

18. Projeto de Vida 117

19. O perdão das ofensas 123

20. Controlando os pensamentos 129

21. Deus ouve nossas preces 135

22. Gratidão 141

23. Diante das dificuldades da vida 147

24. Educando para o futuro 153

25. Cuidando do meio ambiente 159

26. Explicação para os acontecimentos da vida 165

27. Construindo a verdadeira felicidade 171

28. Um olhar para o futuro 177

29. Jesus está com você 183

30. Drogas na família 189

Aviso 195

Bem-aventurados os que choram, porque serão consolados. Bem-aventurados os que têm fome e sede de justiça, porque serão fartos. Bem-aventurados os que padecem perseguição, por amor da justiça, porque deles é o reino dos céus.

(Mateus, V: 5, 6 e 10)

Bem-aventurados vós, os pobres, porque vosso é o reino de Deus. Bem-aventurados os que agora tendes fome, porque sereis fartos. Bem-aventurados vós, que agora chorais, porque rireis.

(Lucas, VI: 20 e 21)

COMEÇAR OUTRA VEZ

Alma querida, escuta!... Entre os lances do mundo,
Se escorregaste à beira do caminho
E caíste, talvez, em pleno desalinho,
Na sombra que te faz descrer ou desvairar,
Ante a dor que visita, a renovar-te anseios,
Não desprezes pensar! ... Levanta-te e confia,
Porque a vida te pede, abrindo-te outro dia:
− Começar outra vez, trabalhar, trabalhar!...

Ergue-te regressando à estrada justa,
Contempla a terra amiga em derredor,
Vê-la-ás, pormenor em pormenor,
Por mãe que sofre e sangra, a recriar ...
Medita na semente a sós, que o lavrador sepulta...
Quando alguém a supõe, humilhada e indefesa,
Ressurge em brilho verde, ouvindo a Natureza:
− Começar outra vez, trabalhar, trabalhar!...

Fita o perfurador rasgando as entranhas da gleba;
O homem que o maneja, a golpes persistentes,
Pesquisa, sem cessar, todos os continentes,
Do deserto escaldante aos recessos do mar...
E eis que a lama oleosa, esquecida há milênios,
Trazida à flor do chão, é ouro e combustível,
Que o progresso conclama em ordem de alto nível:
– Começar outra vez, trabalhar, trabalhar!...

Toda força lançada em desvalia
Quando erguida, de novo, em apoio de alguém,
Retoma posição no serviço do bem,
Utilidade viva a circular...
Olha a pedra moída, em função do cimento
E o barro que assegura a gestação do trigo,
Falando a todos nós, em tom seguro e amigo:
– Começar outra vez, trabalhar, trabalhar!...

Assim também, alma fraterna e boa,
Se caíste em momentos infelizes,
Não te abatas, nem te marginalizes,
Levanta-te e retoma o teu próprio lugar!...
Aceita os grilhões das provas necessárias,
Esquece, age, abençoa, adianta-te e lida,
E escutarás a voz da Lei de Deus na vida:
– Começar outra vez, trabalhar, trabalhar!...

Maria Dolores
Do livro: *Vida em vida* – Editora Ideal
Médium: Francisco Cândido Xavier

Apresentação

A EXISTÊNCIA HUMANA É repleta de percalços, ou, em outras palavras, é recheada de questões a resolver, de dores, angústias e sofrimentos. Temos alegrias, mas elas se misturam às tristezas, isso porque o homem ainda não aprendeu a se desfazer do egoísmo, do orgulho, da vaidade, de todas as paixões que mancham a alma e provocam relacionamentos conturbados, difíceis, gerando violência, dor e inquietação.

Sem cogitar de sua espiritualidade e considerando o além da morte como algo duvidoso, o homem deixa a vida levá-lo, gastando energias em prover para si as coisas materiais, na ilusão de que a felicidade está na beleza física, no emprego com alto salário, na boa condição financeira, no *status* social, na aquisição de bens de consumo, ou seja, tudo o que não pode levar para o túmulo e muito menos para depois da morte.

Quando, por imprevidência ou circunstâncias sociais, as coisas não vão bem, começa a se desesperar e a cogitar de tudo abandonar, chegando mesmo a pensar em retirar-se da vida pelo ato insano do suicídio, ou reagindo de forma violenta, ou descarregando suas frustrações contra Deus, como se abandonado estivesse.

Pobre homem que desconhece a perfeição divina, sua justiça e misericórdia. Pobre homem que desconhece a lei de causa e efeito. Mas nada está perdido, nada acontece por acaso. Tudo tem a sua razão de ser, e toda dor pode ser transformada em aprendizado útil para melhor viver. Basta que esse mesmo pobre homem se enriqueça com as luzes da espiritualidade e da imortalidade, compreendendo que é filho de Deus, que está no mundo para dar continuidade ao seu progresso moral e espiritual, que vive em sociedade para aprender a lei maior do amor.

Nada há que não possa ser superado, que não possa ser transformado, mesmo que isso leve um tempo maior.

Depois do dia vem a noite, e depois da noite vem o dia. É o ciclo renovador da vida que a natureza nos ensina. Então, por que se desesperar?

Eleve o homem o pensamento a Deus e agradeça todos os dias a oportunidade de viver. Agradeça a solicitude divina que coloca em seu caminho todos os meios para uma vida útil e saudável, meios esses que desdenha, esbanja, desperdiça. É por isso que o espiritismo nos ensina que as causas atuais dos nossos sofrimentos têm a ver com esta existência, nem sempre com existências passadas.

Sim, o espiritismo é a doutrina que nos aclara a mente, aquece o coração e responde aos nossos anseios ao nos dizer que somos almas imortais criadas por Deus, que já tivemos muitas existências e teremos outras através da reencarnação, promovendo sempre nosso progresso, cumprindo a lei de evolução, e que não somos deserdados, pois nos acompanham aqueles que nos amam e aqueles que nos odeiam, de conformidade com o que semeamos, assim interagindo as duas dimensões da vida: a material e a espiritual.

Tudo passa na existência, menos o amor de Deus por nós, Seus filhos.

Ele nunca coloca sobre nossos ombros uma carga maior e mais pesada do que podemos carregar.

É importante saber que, antes de reencarnar, solicitamos esta e aquela prova, aceitamos passar por esta e aquela expiação, ou seja, somos os construtores de nós mesmos, herdeiros de nossos vícios e virtudes.

Então, nada de desespero, de desalento. Dê o homem um basta ao materialismo.

Este livro foi escrito para esclarecer e consolar. Para sensibilizar e espiritualizar. Para exaltar a vida e combater tudo o que pode manchá-la. Para trazer ao dia a dia os ensinos e exemplos do mestre Jesus, o espírito mais perfeito que Deus concedeu ao homem conhecer. Este livro é um grito em favor da vida, sempre. Nele reunimos, com a devida revisão, os artigos publicados na coluna Em Defesa da Vida, que mantemos no jornal *Correio Espírita*, dando ao leitor os textos referentes ao período de janeiro de 2013 a junho de 2015, acrescidos dos ensinos de Jesus e dos benfeitores espirituais.

Superemos problemas e aflições com fé e perseverança, amor e caridade, reparando possíveis erros cometidos em vidas passadas, sendo mais previdentes e úteis nesta existência, assim construindo um futuro muito mais feliz.

Marcus De Mario

1

O QUE VOCÊ QUER DA VIDA?

Mas não sereis vós assim; antes,
o maior entre vós seja como o menor;
e quem governa, como quem serve.

Jesus (Lucas, 22:26.)

CAPÍTULO 1

ALGUÉM JÁ LHE FEZ a pergunta "O que você quer da vida?". Se isso já aconteceu é um sinal de alerta que não pode ser desprezado, ou seja, estão achando que você não tem objetivos para viver, que você é daquelas pessoas que vai tocando a vida conforme os acontecimentos, sem visão de futuro. Se isso está acontecendo, cuidado! Não estamos reencarnados para "viver por viver", e sim para combater em nós as más tendências e trabalhar incessantemente para fazer crescer as virtudes. Então podemos dizer que nosso primeiro objetivo na vida é aprender a nos amar.

Outro objetivo quanto ao viver, e muito importante, é estarmos nesta existência para aprender também a amarmos o nosso próximo. Por esse motivo o espiritismo nos incentiva a trabalharmos a convivência, quando temos oportunidade de aprender e exercitar a compreensão, a renúncia, a compaixão, a gratidão, a cooperação e outras qualidades morais que nos auxiliam a reparar o mal que porventura fizemos aos nossos familiares no passado, ou seja, em existências anteriores.

E ainda temos um terceiro objetivo para o viver: aprender a amar a Deus. Isso se dá na medida em que auxiliamos o planeta em seu equilíbrio natural; cooperamos com o advento da justiça social; combatemos a guerra com a não violência; estancamos a corrupção com a honestidade, ou seja, quando colocamos em ação o grande ensino de Jesus: fazer ao outro somente o que gostaríamos que o outro nos fizesse.

Agora já dá para pensar com mais profundidade sobre o que estamos fazendo na Terra e responder melhor à pergunta título deste texto: O que você quer da vida? Como espírito imortal, reencarnado e sabedor que a morte não existe, não dá mais para "deixar a vida me levar", não é mesmo? E se você está pensando que dinheiro nasce em árvore e felicidade cai do céu, não se iluda mais. A lei divina é de evolução, mas quem acelera o processo ou estaciona somos nós mesmos, e não existe nada pior do que desencarnar e, no mundo espiritual, receber a notícia de que vamos ter que começar tudo de novo.

As vicissitudes da vida têm, pois, uma causa, e como Deus é justo, essa causa deve ser justa.

Allan Kardec
(**O Evangelho segundo o Espiritismo**, cap. 5, item 3.)

2

DESCULPE, O ERRO FOI MEU

E surgirão muitos falsos profetas e enganarão a muitos. E, por se multiplicar a iniquidade, o amor de muitos se esfriará. Mas aquele que perseverar até ao fim será salvo.

Jesus (Mateus, 22:11 a 13.)

CAPÍTULO 2

Você SABIA QUE PEDIR desculpas e perdoar alguém é dar mostras de elevação de espírito? E que grande parte dos processos judiciais só acontecem porque nosso orgulho "fala mais alto" e então não procuramos a conciliação, o diálogo? Agora, pense bem: não é melhor manter a vida, as amizades e ser bem-visto pelas pessoas, do que logo partir para a agressão, verbal ou física, e fazer "tempestade em copo d'água"? Muitas discussões e brigas acontecem porque ou não queremos pedir desculpas e ceder em nossa opinião, ou porque achamos que devemos revidar na "mesma moeda". Ora, isso vai contra o ensino de Jesus: quando alguém te bater na face esquerda, oferece a direita, que significa somente retribuir o mal com o bem.

O exercício do perdão, do desculpar-se mostra elevação de espírito, pois atesta nossa humildade e que não fugimos da verdade, confessando o erro e procurando consertar o mal provocado. Pedir desculpas, solicitar perdão não nos diminui, pelo contrário, nos engrandece, até porque todos podemos errar, ao mesmo tempo em que todos pedimos uma nova oportunidade. O que não deve acontecer é pedir desculpas, receber o perdão e, depois, cometer o mesmo erro, fazer a mesma coisa. Se isso acontecer é hipocrisia de nossa parte, falta de sinceridade, o que revela baixeza de espírito.

Isso de dizer que não dá para controlar os impulsos, que os nervos ficam à flor da pele, que certas coisas são imperdoáveis, são histórias para "boi dormir", como diziam nossos avós. Tudo isso é desculpismo para mantermos o orgulho, o egoísmo e o materialismo que ainda nos caracteriza e que, na verdade, queremos manter.

Lembremos que somos espíritos imortais e que esta não é a nossa primeira existência terrena, e que a reencarnação é bênção divina para darmos mais um passo rumo à perfeição, e não oportunidade para manter vícios morais e repetir os mesmos erros do passado. Tudo que é da matéria fica aqui mesmo, mas tudo que é moral nos acompanha após a morte. Já pensou encontrar lá do outro lado da vida aquele vizinho que espezinhamos, sabendo que ele estava certo? Portanto, reconciliemo-nos com nossos adversários aqui, enquanto estamos caminhando com eles.

As vicissitudes da vida são de duas espécies, ou, se quisermos, têm duas origens bem diversas, que importa distinguir: umas têm sua causa na vida presente; outras, fora desta vida.

Allan Kardec
(O Evangelho segundo o Espiritismo, cap. 5, item 4.)

3

CUIDE DA SUA VIDA

*Vós sois o sal da terra; e se o sal for insípido, com que se
há de salgar? Para nada mais presta senão para se lançar
fora, e ser pisado pelos homens.*

Jesus (Mateus 5:13.)

CAPÍTULO 3

CUIDAR DA PRÓPRIA VIDA e deixar que o outro cuide da vida que lhe é própria é um aprendizado que todos precisamos fazer para gerar mais felicidade no mundo, permitindo que cada um tenha suas experiências e tome suas próprias decisões. Isso porque o que mais fazemos é tomar conta da vida alheia, querendo determinar comportamentos dos outros, tentando controlar as ações de familiares e amigos, como se pudéssemos controlar tudo e todos, quando na verdade deveríamos nos conhecer e nos controlar, no famoso vigiar e orar ensinado por Jesus.

Normalmente quem vigia os outros faz sempre sua opinião prevalecer e vive se queixando do comportamento alheio, sendo necessitado de olhar para si mesmo, de se descobrir e de permitir que cada um viva de acordo com seus pensamentos, experiências e anseios. Quem muito controla, opina e faz, não deixando muito espaço para os outros, está em desequilíbrio íntimo, fugindo de trabalhar a si mesmo no autoaperfeiçoamento.

Quando cuidamos mais da vida dos outros do que da nossa própria vida, tendemos a cair em dois vícios morais muito perigosos: a fofoca e a mentira. E também nos deixamos levar para o desculpismo do tipo "minha vida só não é melhor por causa da minha família"; "as coisas não andam bem por culpa do meu patrão"; "o resultado só não foi melhor porque a equipe não é tão boa". E passamos a tecer juízos individuais que não nos pertencem: "você não vai ser nada quando crescer"; "é por isso que eu vivo dizendo que assim não dá", e outros julgamentos que não levam em consideração os próprios erros e deficiências, que teimamos em não querer enxergar.

Aprendamos a olhar para nós mesmos, a sermos honestos com a própria consciência, cuidando de combater em nós os vícios de toda ordem para assegurar espaço para as virtudes, permitindo que o outro respire por sua vez, saindo da sufocação que lhe impingimos.

A arte de se educar para ser bom exemplo é o objetivo a que devemos nos propor nesta existência, bem aproveitando as oportunidades de aprendizado, serviço e crescimento espiritual, deixando que Deus cuide do resto.

Remontando à fonte dos males terrenos, reconhece-se que muitos são a consequência natural do caráter e da conduta daqueles que os sofrem. Quantos homens caem por sua própria culpa! Quantos são vítimas de sua imprevidência, de seu orgulho e de sua ambição! Quantas pessoas arruinadas por falta de ordem, de perseverança, por mau comportamento ou por não terem limitado os seus desejos!

Allan Kardec
(O Evangelho segundo o Espiritismo, cap. 5, item 4.)

4

MÃE, EU PRECISO DE VOCÊ

*Seja, porém, o vosso falar: Sim, sim; Não, não;
porque o que passa disto é de procedência maligna.*

Jesus (Mateus 5:37.)

CAPÍTULO 4

FUTURA MÃE, POR FAVOR, leia este texto escrito para você. Não importa como você tenha engravidado, se com planejamento ou não, se com amor ou sem ele. Importante é que você está grávida e, portanto, tem um novo ser crescendo dentro de você, o qual depende inteiramente de suas decisões de vida. Lembre-se, então, que Deus confia em você para receber esse ser, necessitado de mais essa existência terrena, ao qual você poderá dedicar amor, carinho, cuidados, e que poderá se tornar amanhã a razão do seu viver, a alegria do seu existir, o amparo da sua velhice.

Diante da gravidez, diga sim para a vida e descarte qualquer ideia, qualquer pensamento de abortar, pois interromper a gravidez é não permitir que esse ser renasça e, portanto, é ferir gravemente a lei divina que sempre protege a vida. Falo em renascer porque aprendemos com o espiritismo que todos somos almas imortais, que existe a reencarnação e que nossa união se dá não apenas pelos laços de sangue, mas pelos laços espirituais que vamos construindo ao longo das existências que se perdem no tempo.

Talvez você diga que não planejou ficar grávida, que essa gravidez é fruto de um ato de violência que não lhe respeitou a condição de mulher, que ter o filho lhe trará muitos sacrifícios, mas, acredite, você não ficará desamparada. Ninguém fica sem receber a misericórdia divina através da ajuda dos bons espíritos e, se você tiver fé e coragem, todos os obstáculos poderão ser vencidos, e o auxílio virá na hora certa.

Cuide de si mesma para melhor cuidar do seu filho. Ame-o acima de tudo, pois o amor é o sentimento que une e fortalece as almas que agora deverão trilhar os caminhos da vida de mãos dadas.

Não se deixe levar pela falsa ideia de ser dona do próprio corpo e poder tomar a decisão de abortar para dar continuidade aos gozos da vida. Ninguém foge à colheita do que plantou na vida, isso é da lei divina.

Aceita a sua missão de mãe e faça tudo para a sua e também a felicidade dele, que Deus lhe recompensará com mais dádivas de amor.

Que todos os que têm o coração ferido pelas vicissitudes e as decepções da vida, interroguem friamente a própria consciência. Que remontem passo a passo à fonte dos males que os afligem, e verão se, na maioria das vezes, não podem dizer: "Se eu tivesse ou não tivesse feito tal coisa não estaria nesta situação."

Allan Kardec
(*O Evangelho segundo o Espiritismo*, cap. 5, item 4.)

5

A (IN)JUSTIÇA PELAS PRÓPRIAS MÃOS

Por isso vos digo: Não andeis cuidadosos quanto à vossa vida, pelo que haveis de comer ou pelo que haveis de beber; nem quanto ao vosso corpo, pelo que haveis de vestir. Não é a vida mais do que o mantimento, e o corpo mais do que o vestuário?
Jesus (Mateus 6:25.)

CAPÍTULO 5

AO ESTUDARMOS AS LIÇÕES do Evangelho na interpretação dos benfeitores espirituais, compreendemos que a vingança é sinal característico de inferioridade moral e barbárie. Ela é própria de quem não ama a si mesmo, nem a seu próximo e, muito menos, a Deus. É um ato selvagem, extremamente agressivo, que exalta o egoísmo, o orgulho, a vaidade, a cupidez e a hipocrisia. A vingança nada traz de bom, avilta o caráter de quem a comete e gera muita infelicidade, tanto individual quanto coletiva.

Apesar de tudo isso, tem muitas pessoas que defendem a vingança como um ato de justiça face ao mal que outra pessoa lhe tenha causado. Mas isso não é verdade. A justiça não pode ser feita pelas próprias mãos em derramamento de sangue, ou por outros meios, como a fofoca bem urdida, a mentira proposital que alfineta ou a calúnia que provoca aflições. Essas ações ferem frontalmente a lei divina e nos colocam no mesmo nível de embrutecimento, ou até pior, daquele que nos tenha ofendido ou causado algum mal.

Argumentam os partidários da vingança que a lei divina ou é muito morosa, ou é falha, o que não corresponde à verdade, pois Deus nunca deixa impune aquele que transgride a lei, mas sempre deixa a porta aberta do arrependimento e da reparação. Deus é farto de misericórdia, pois Ele é o próprio amor universal, e o amor nos ensina a perdoar as ofensas, a dar uma segunda chance, até porque todos queremos ter sempre uma nova oportunidade, e os direitos são iguais para todos os homens.

A vingança tem ainda outra consequência muito ruim: aquele que a sofre poderá, após a desencarnação, tornar-se obsessor daquele que foi seu algoz na vida terrena, ou seja, os papéis podem se inverter. Então, por tudo isso, substitua esse sentimento negativo pelo perdão das ofensas, pelo amor ao próximo, inclusive ao inimigo, deixando que Deus cuide de Seus filhos com verdadeira justiça. Sua vida ficará mais leve, sua consciência trabalhará em paz, e o futuro lhe reservará os bons frutos da semeadura do bem e do amor. Pense nisso, e viva melhor!

A lei humana alcança certas faltas e as pune. O condenado pode então dizer que sofreu a consequência do que praticou. Mas a lei não alcança nem pode alcançar a todas as faltas. Ela castiga especialmente as que causam prejuízos à sociedade, e não as que prejudicam apenas os que as cometem. Mas Deus vê o progresso de todas as criaturas. Eis porque não deixa impune nenhum desvio do caminho reto. Não há uma só falta, por mais leve que seja, uma única infração à sua lei, que não tenha consequências forçosas e inevitáveis, mais ou menos desagradáveis.

Allan Kardec
(O Evangelho segundo o Espiritismo, cap. 5, item 5.)

6

NÃO SE DEIXE ABATER

Nem todo o que me diz: Senhor, Senhor! entrará no reino dos céus, mas aquele que faz a vontade de meu Pai, que está nos céus.

Jesus (Mateus 7:21.)

CAPÍTULO 6

UM AMIGO NOS PROCUROU para conversar. Estava de semblante desanimado, alegando que nos últimos tempos tudo vinha dando para trás em sua vida, nada dava certo, e que estava, inclusive, fazendo tratamento no centro espírita. Mas não conseguia sair do desânimo, a ponto de ter passado aquele dia todo na cama, sem vontade para coisa alguma. Ouvimos suas palavras e detectamos seu estado depressivo, então procuramos acionar sua fé em Deus e sua força de vontade, lembrando que nada acontece por acaso, mas de tudo podemos tirar proveitosas lições, e que os altos e baixos da existência acontecem com qualquer pessoa, mas que não são motivos para uma desistência de viver.

Todos passamos por momentos mais ou menos difíceis. Quantas vezes nossos sonhos, nossos projetos não dão certo? Paciência e continuemos a viver, pois é isso o que Deus quer. Estamos na escola da Terra para aprender a resignação, a perseverança, a operosidade, a disciplina e tantas outras virtudes que, com o tempo, trarão a felicidade. E um aprendizado necessário é o de saber acionar a força de vontade, senão vamos ficar parados no primeiro obstáculo, na primeira dificuldade.

A depressão é muito perigosa. É considerada doença potencial para levar a pessoa ao suicídio. E, sabedores de nossa realidade espiritual, a equação depressão/suicídio leva o indivíduo a sofrimentos e tormentos muito graves no plano espiritual, após a morte do corpo. Então, comece a fazer sua parte, pois a ajuda de Deus e dos benfeitores espirituais já está em pleno andamento, ou seja, acione o seu querer, a sua vontade, sacuda a poeira dos ombros e ponha-se a caminho para reconstruir sua vida.

Auxilie quem está precisando de ajuda; leia um bom livro espírita; realize o culto do evangelho no lar; não esqueça da oração; tenha objetivos a alcançar e lute por eles; seja voluntário no centro espírita; procure perceber as coisas belas e positivas ao seu redor; ocupe-se utilmente; frequente bons ambientes; procure os amigos; esteja sempre exercendo a caridade. Quem semeia flores colhe perfumes, e isso é bem melhor do que semear espinhos para si mesmo, portanto, diga adeus para a depressão e viva mais feliz.

> *Os sofrimentos consequentes são então uma advertência de que ele andou mal. Dão-lhe a experiência e o fazem sentir a diferença entre o bem e o mal, bem como a necessidade de se melhorar, para evitar no futuro o que já foi para ele uma causa de mágoas. Sem isso, ele não teria nenhum motivo para se emendar.*
>
> **Allan Kardec**
> **(*O Evangelho segundo o Espiritismo*, cap. 5, item 5.)**

7

DESAFIOS DA VIDA FAMILIAR

A seara é realmente grande, mas poucos os ceifeiros.
Jesus (Mateus 9:37.)

CAPÍTULO 7

QUEM NÃO TEM ALGUM problema, vez ou outra, ou mesmo continuamente, de convivência familiar? Quem consegue viver sempre em plena harmonia e felicidade com aqueles que formam o lar? Realmente não é fácil manter o entendimento, o diálogo e a convivência sadia com as pessoas que formam nosso ninho doméstico, mas estamos reencarnados exatamente para realizar o aprendizado da compreensão, tolerância, paciência e colaboração com aqueles que se constituem os mais próximos de nós, ou seja, os familiares.

Vale pensar sobre uma reclamação constante que ouvimos e que muitas vezes falamos: que os outros é que são difíceis, eles é que são o problema. Será mesmo? Quantas vezes não somos intolerantes? Quantas vezes não fechamos o diálogo? Quantas vezes não agimos agressivamente? Quantas vezes não incomodamos os outros com nossos vícios? É fácil afirmar que o outro é uma "mala sem alça", e que os familiares são os únicos responsáveis pelos desentendimentos, pelas discussões, brigas e formação do ambiente doméstico negativo. E de nossa parte, o que estamos fazendo para trazer paz ao lar?

Alguns exercícios podem nos auxiliar para manter uma melhor convivência familiar: não falar antes de pensar e medir as consequências; controlar o impulso de responder alterando o tom de voz ou impondo a própria opinião; compartilhar as pequenas tarefas, sem resmungar pelos cantos; abrir mão de certos desejos a benefício do outro; ampliar o entendimento de que os outros não pensam ou agem como você, e isso é natural; procurar não se irritar com facilidade. Procure colocar em ação, no dia a dia, esses exercícios; a tendência é a convivência doméstica ficar mais tranquila, mais em paz, exatamente o que todos desejamos.

Lembremos que somos espíritos reencarnados, e que os laços de família remontam às existências passadas, e que hoje é o momento de quebrar as algemas do ódio, do ressentimento, das paixões desvairadas, do egoísmo e do orgulho que antes assinalaram nossas existências, prejudicando assim a convivência. Estamos agora juntos para construir a compreensão, a tolerância, a cooperação, permitindo assim que as lições do Evangelho façam nossa família feliz.

Mas, assim como para o trabalhador o sol nasce no dia seguinte e começa uma nova jornada, em que pode recuperar o tempo perdido, para ele também brilhará o sol de uma vida nova, após a noite do túmulo, e na qual poderá aproveitar a experiência do passado e executar suas boas resoluções para o futuro.

Allan Kardec
(*O Evangelho segundo o Espiritismo*, cap. 5, item 5.)

8

DINHEIRO E FELICIDADE

Segue-me, e deixa os mortos sepultar os seus mortos.

Jesus (Mateus 8:22.)

CAPÍTULO 8

QUERER SER FELIZ É saudável, e a busca da felicidade deve ser uma constante em nossa vida, entretanto, como a estamos procurando? Essa pergunta é muito importante, pois devemos ter em mente que nem sempre os bens materiais trazem felicidade. Dizemos isso porque muitas pessoas procuram a felicidade através do ganhar mais dinheiro e, assim, ter poder de aquisição para realizar os sonhos de consumo. Mas será que essa é a verdadeira felicidade?

Em *O Livro dos Espíritos*, na questão 922, temos a informação de que "a felicidade é, para a vida material, a posse do necessário; para a vida moral, a consciência pura e a fé no futuro". Com isso entendemos que todo supérfluo é causa de infelicidade, tanto aqui e agora, como na vida futura, ou seja, cuidado com o que fazemos com o dinheiro: consumismo sem limites, problemas à vista. E o que dizer da felicidade do ponto de vista moral? Para ter consciência pura é necessário ter uma existência honesta, produtiva, ligada ao bem. Isso, com certeza, gera felicidade, assim como a fé verdadeira no futuro, reconhecendo a misericórdia e o amparo de Deus.

A verdadeira felicidade, que na Terra será sempre relativa, não está em ter mais dinheiro, em comprar, em ter, em ostentar *status* social. A verdadeira felicidade está na conduta honesta, na consciência tranquila, na paz de espírito, na confiança em Deus, no viver honestamente, no estar em prontidão para auxiliar quem precisa, enfim, a verdadeira felicidade está em termos uma vida alicerçada na prática do bem e no amor ao próximo.

É claro que é justo trabalhar para melhorar de vida, desde que a ninguém prejudiquemos, e sempre procurando dispor do que amealhamos para o bem coletivo, e não apenas para o nosso bem e dos que formam nosso núcleo familiar. Precisamos pensar coletivamente, colocando em prática a solidariedade e a fraternidade.

Não é por outra razão que Allan Kardec, o codificador do espiritismo, chama a atenção para a prova da riqueza, pois ela costuma aguçar o egoísmo e o orgulho que ainda nos caracterizam, sendo pedra de tropeço para muitos. Vivamos bem, colocando o dinheiro no seu devido lugar, ou seja, instrumento para gerar felicidade através de sua justa aplicação social.

> *Mas se há males, nesta vida, de que o homem é a própria causa, há também outros que, pelo menos em aparência, são estranhos à sua vontade e parecem golpeá-lo por fatalidade.*
>
> **Allan Kardec**
> (*O Evangelho segundo o Espiritismo*, **cap. 5, item, 6.**)

9

CUIDANDO DA SAÚDE EMOCIONAL

Não deis aos cães as coisas santas, nem deiteis aos porcos as vossas pérolas, não aconteça que as pisem com os pés e, voltando-se, vos despedacem.

Jesus (Mateus 7:6.)

CAPÍTULO 9

O DALAI LAMA, EM suas reflexões, fala-nos de sua perplexidade com relação ao homem: "O que mais me surpreende é o homem, pois perde a saúde para juntar dinheiro, depois perde o dinheiro para recuperar a saúde. Vive pensando ansiosamente no futuro, de tal forma que acaba por não viver nem o presente, nem o futuro. Vive como se nunca fosse morrer e morre como se nunca tivesse vivido". Entendamos esse profundo pensamento, ligando-o à nossa saúde emocional.

Muitas pessoas se "matam" de trabalhar para juntar dinheiro e, depois, com vários problemas de saúde, pois esgotaram prematuramente as forças físicas e emocionais, acabam gastando o dinheiro acumulado para tratar suas doenças com médicos e terapeutas diversos, angustiando-se quando não conseguem mais o equilíbrio da saúde orgânica e psíquica.

Quantas pessoas vivem ansiosas pelo seu futuro, preocupadas com o amanhã, e acabam se esquecendo de viver o hoje. Essa ansiedade desequilibra, tortura, e o futuro acaba também não sendo vivido, pois ele chega, afinal o tempo não para, e a pessoa nem percebe, está sempre pensando no amanhã, correndo atrás do que já passou.

Outras pessoas vivem como se a morte não existisse, como se a existência terrena não tivesse fim, despreocupadas da realidade espiritual. É como criar uma fantasia e tentar vivê-la como se fosse verdade. Então a morte chega, e não estamos preparados para ela, e queremos moratória, mais um tempo para viver o que ainda não vivemos.

Realmente, o Dalai Lama tem razão: não sabemos viver. Deixamo-nos levar por angústias, ciúmes, posse material das coisas e das pessoas, trocando o real, o verdadeiro, pela fantasia, provocando em nós distúrbios orgânicos e emocionais graves, gerando consequências como doenças, desajustes sociais e obsessões espirituais.

Cuide da sua saúde emocional. Reveja seus valores de vida. Prepare-se para morrer e retornar ao mundo espiritual. Faça da sua existência uma semeadura de atos de caridade e amor a Deus, pois assim a vida nos retornará com bênçãos de amor, hoje, amanhã e sempre.

Entretanto, em virtude do axioma de que todo efeito tem uma causa, essas misérias são efeitos que devem ter a sua causa, e desde que se admita a existência de um Deus justo, essa causa deve ser justa.

Allan Kardec
(*O Evangelho segundo o Espiritismo*, cap. 5, item 6.)

10

Eu e a internet

Filho, tem bom ânimo, perdoados te são os teus pecados.

Jesus (Mateus 9:2.)

CAPÍTULO 10

SERÁ QUE DÁ PARA viver sem conexão com a internet? E passar um dia sem postar numa rede social, será possível? Tem muita gente que entra em pânico se ficar sem sinal da operadora no celular, ou se não conseguir postar através do seu *smartphone* ou *tablet*, não percebendo que essa dependência da tecnologia e da comunicação instantânea caracteriza uma doença, um desequilíbrio, quando, na verdade, é perfeitamente possível passar o dia realizando tarefas outras que não dependem nem de aparelhos eletrônicos, nem de internet.

Ninguém precisa morrer, ou vai morrer, porque está sem internet. A existência humana é muito rica em motivações, prazeres, ideais, sonhos, realizações para que nos entreguemos a um único propósito e um único fazer. Gastar horas e horas na frente da tela de um dispositivo eletrônico, é perder valiosas oportunidades de convivência, de solidariedade, de fraternidade, de realizações úteis para nós e para os outros, ainda mais levando em consideração que essas horas muitas vezes são gastas em postagens fúteis, sem nenhum valor moral significativo.

Precisamos compreender que a internet − e aparelhos como o computador − é, na verdade, neutra, ou seja, ela mesma não faz bem nem mal. É instrumento desenvolvido pelo homem para a comunicação, e que o seu uso está na dependência do próprio homem, que pode lhe dar uma destinação boa ou má. Assim, o vício de ficar ligado na internet o tempo todo é consequência do mau uso que fazemos do nosso livre--arbítrio, criando um hábito nocivo.

Limite as horas de uso do computador, e outros aparelhos, tanto de sua parte quanto dos familiares. Não fique olhando a caixa de entrada de mensagens a toda hora, mas sim em horários predeterminados, e se não der para verificar, simplesmente deixe para outro momento. Desenvolva habitualmente tarefas como ler um livro, ouvir música, assistir a um filme, telefonar para um amigo, passear na praça, fazer compras presencialmente, e não somente *on-line*. Conviva mais tempo com os familiares e amigos.

Em resumo: não seja dependente da internet, e sim do amor ao próximo e da prática da caridade, gerando paz e felicidade para você e para a sociedade humana. Viver é muito mais que ficar limitado a uma tela de computador e uma conexão com a internet.

> *Por outro lado, Deus não podendo punir pelo bem que se fez, nem pelo mal que não se fez, se somos punidos, é que fizemos o mal.*
>
> **Allan Kardec**
> **(*O Evangelho segundo o Espiritismo*, cap. 5, item 6.)**

11

FAZER O BEM E VIVER EM PAZ

Não julgueis, para que não sejais julgados. Porque com o juízo com que julgardes sereis julgados, e com a medida com que tiverdes medido vos hão de medir a vós.

Jesus (Mateus 7:1-2.)

CAPÍTULO 11

UMA DAS VIRTUDES MAIS importantes é a bondade, ainda mais nesses momentos conturbados de violência que estamos vivendo. Assistimos a tantos atos de agressão e de desrespeito, que muitos de nós estamos começando a ficar insensíveis, e até acreditando que ser bom neste mundo é praticamente impossível. Temos que tomar cuidado com as aparências, que enganam, pois o bem deve ser mais forte que o mal, assinalando uma nova etapa evolutiva da sociedade humana.

Para sermos bons é necessário colocar em ação um dos ensinos de Jesus: "Se alguém te bater na face direita, oferece a face esquerda". Isso não significa que devemos deixar que o outro continue a nos agredir, a nos desrespeitar, mas que devemos retribuir o mal com o bem, ou seja, o que Jesus quer dizer é que não devemos nos igualar àquele que nos fere, e sim sermos superiores, retribuindo com o bem o mal que nos foi feito. Isso pode não ser fácil, mas não é impossível, e é o que devemos fazer para ter paz na vida.

Uma boa maneira de retribuir o mal com o bem é orando pelo nosso algoz, que momentaneamente está equivocado. Também podemos refrear o impulso negativo de revidar na mesma moeda, de fazer o mesmo com ele. Outra prática da bondade é compreender e não colocar mais lenha na fogueira, evitando disputas verbais. O agressor, quando se depara com a bondade e a paz, perde a razão e tende a se intimidar, reconhecendo a superioridade moral da sua vítima.

E não adianta dizer que "foi ele que começou". Isso não justifica o revide. Se assim procedermos estaremos atiçando a violência, pois igualmente seremos agressores. Pense nisso, e, quando alguém lhe agredir, seja fisicamente ou verbalmente, controle seus impulsos, ore por ele, e faça o bem ao seu alcance.

Lembrando o poeta Casimiro Cunha, através do médium Chico Xavier: "Ajuda, perdoa e passa". Colocando esse roteiro em ação, teremos paz de consciência, daremos bom exemplo, e haveremos de ser catalogados pela espiritualidade superior como semeadores da paz através da vivência da bondade.

O homem não é, portanto, punido sempre, ou completamente punido, na sua existência presente, mas jamais escapa às consequências de suas faltas. A prosperidade do mau é apenas momentânea, e se ele não expia hoje, expiará amanhã, pois aquele que sofre está sendo submetido à expiação do seu próprio passado. A desgraça que, à primeira vista, parece imerecida, tem portanto a sua razão de ser, e aquele que sofre pode sempre dizer: "Perdoai-me, Senhor, porque eu pequei".

Allan Kardec
(O Evangelho segundo o Espiritismo, cap. 5, item 6.)

12

FIQUE COM JESUS

Ouvistes que foi dito: Amarás o teu próximo, e odiarás o teu inimigo. Eu, porém, vos digo: Amai a vossos inimigos, bendizei os que vos maldizem, fazei bem aos que vos odeiam, e orai pelos que vos maltratam e vos perseguem; para que sejais filhos do vosso Pai que está nos céus; porque faz que o seu sol se levante sobre maus e bons, e a chuva desça sobre justos e injustos. Pois, se amardes os que vos amam, que galardão tereis? Não fazem os publicanos também o mesmo?

Jesus (Mateus 5:43-46.)

CAPÍTULO 12

SEMPRE QUE O FIM de ano se aproxima, deparamo-nos com as comemorações natalinas, ocasião em que normalmente as pessoas pensam em comprar presentes, fazer festa em família, lotando os centros comerciais e os *shoppings*, decorados com motivos artísticos tendo como base a figura do Papai Noel. Entretanto, devemos lembrar que o Natal é a comemoração alusiva ao nascimento de Jesus Cristo, o guia e modelo da humanidade, e que isso nada tem a ver com comércio e festividade puramente material.

Perguntamos, então: Por que não ficar com Jesus? Será isso tão difícil? Não, na verdade não é difícil ficar com Jesus, apenas que a festa do Natal terá outro significado e será realizada de uma forma diferente. Teremos igualmente a convivência familiar, mas sem os comes e bebes que tantos malefícios acabam trazendo, pois muitos exageram e acabam inclusive se alcoolizando. A ceia será mais *"light"* e será antecedida pelo culto do Evangelho no Lar, havendo após uma real confraternização, em que a amizade e o companheirismo serão fortalecidos.

A festa de Natal com Jesus também deve ser caracterizada, durante a semana, pela ação da caridade a favor dos mais necessitados, pois a verdadeira alegria com Jesus é a da doação de si mesmo para nossos irmãos que necessitam de consolo e amparo, esperança e alimento. Fazendo isso, de coração, deixaremos em segundo plano a comercialização da data natalina, e teremos muito mais felicidade em nossa vida.

No Natal com Jesus podemos presentear familiares e amigos com pequenas lembranças, mas sempre acompanhadas de um sincero abraço e o desejo de felicidades, que são bem mais importantes.

Então, no Natal, sintamos e vivamos Jesus, colocando em prática seus profundos ensinos, tornando-nos luz na vida das pessoas que amamos, e acendendo a esperança no coração dos deserdados do mundo.

Fiquemos com Jesus, a melhor opção, não apenas no Natal, mas em todos os dias do ano, fazendo o bem e amando sem distinção, para que nossos dias sejam plenos de paz e prosperidade em espírito.

> *Os sofrimentos produzidos por causas anteriores são sempre, como os decorrentes de causas atuais, uma consequência natural da própria falta cometida. Quer dizer que, em virtude de uma rigorosa justiça distributiva, o homem sofre aquilo que fez os outros sofrerem.*
>
> **Allan Kardec**
> **(*O Evangelho segundo o Espiritismo*, cap. 5, item 7.)**

13

A BEBIDA E OS ESPÍRITOS

*Não vos inquieteis, pois, pelo dia de amanhã, porque o
dia de amanhã cuidará de si mesmo.
Basta a cada dia o seu mal.*

Jesus (Mateus 6:34.)

CAPÍTULO 13

É COMUM ASSISTIRMOS A reportagens alusivas às festas de fim de ano e às comemorações de um ano novo, trazendo dicas de como sair da ressaca, pois todos sabemos que a bebida alcoólica é fartamente utilizada nesse período. Agora, convenhamos, se beber faz mal para a saúde e para a convivência social, ao invés de remediar a situação, não é melhor simplesmente não beber? Questão de lógica, não é mesmo? E de preservação da própria vida.

Agravando esse quadro, lembremos que para o drama do alcoolismo, mesmo que ocorrido apenas nessa ocasião, corresponde um outro quadro, assustador e muito preocupante: o vampirismo espiritual, ou seja, a ação dos espíritos inferiores sobre aqueles que se comprazem com a bebida. Isso acontece porque a morte não é um passe de mágica, não transforma moralmente ninguém, pois todos seguiremos de volta para o mundo espiritual carregando nossos vícios e virtudes.

Imaginemos a pessoa que levou a existência na base da bebida alcoólica, ou que bebia socialmente, fazendo disso um hábito. Desencarnada, essa pessoa continuará com as sensações do vício, mas sem poder encontrar a bebida do outro lado da vida. Então ela vai procurar influenciar um encarnado que tenha o mesmo vício, para que este beba, pois assim o espírito viciado conseguirá sorver as emanações fluídicas, energéticas, da bebida. Isso é o vampirismo, que faz parte da chamada obsessão.

E ainda temos as consequências espirituais do vício, quando, por exemplo, pais de família que se entregaram ao alcoolismo, respondem pelas desventuras que ocasionaram aos familiares, principalmente aos filhos, os quais necessitavam de amparo e orientação.

A bebida alcoólica é um flagelo familiar, social e espiritual. Evitar beber é o melhor remédio, prevenindo-se contra todas as consequências funestas desse vício. Lembrando que sempre respondemos perante a lei divina pelo que fazemos, não é melhor viver de consciência tranquila, e desencarnar sem arrependimento e remorso? Estamos reencarnados para ganhar a vida e não para perdê-la, e problema algum será resolvido afogando as mágoas num copo. Pense nisso!

> *Quando nos elevamos, pelo pensamento, de maneira a abranger uma série de existências, compreendemos que a cada um é dado o que merece, sem prejuízo do que lhe cabe no mundo dos espíritos, e que a justiça de Deus nunca falha.*
>
> **Allan Kardec**
> **(O Evangelho segundo o Espiritismo, cap. 5, item 7.)**

14

A CURA DA INSATISFAÇÃO

*Mas, buscai primeiro o reino de Deus, e a sua justiça,
e todas estas coisas vos serão acrescentadas.*

Jesus (Mateus 6:33.)

CAPÍTULO 14

MUITAS PESSOAS, SEJAM JOVENS, adultos ou idosos, vivem insatisfeitas com a vida que levam, e isso em todas as camadas sociais e diversos contextos da existência. São pessoas solteiras à procura de remédio para a solidão. São pessoas casadas reclamando do cônjuge. São pessoas pobres lutando por mais recursos financeiros. São pessoas ricas que querem sempre mais e mais. São pessoas sonhando com o poder e o mando. São pessoas acumulando títulos acadêmicos em busca de nova projeção profissional. E assim por diante. Estão sempre insatisfeitas.

O que a maioria dessas pessoas não percebe é que, na verdade, a cura da insatisfação não está em se projetar sobre situações, pessoas, títulos, poder, posições sociais, e sim em reconhecer a fonte que a produz.

Disse-nos o mestre e senhor Jesus que vemos um cisco no olho do outro, mas não somos capazes de enxergar a trave que está em nosso olhar, nos atrapalhando, ou seja, somos muito bons em apontar os defeitos alheios e argumentar que nossa vida não vai tão bem por culpa desse ou daquele, disso ou daquilo, mas não fazemos o essencial: realizar o autodescobrimento, permitindo vir à tona as causas de nossos comportamentos inadequados.

O remédio para a cura da insatisfação está no autoconhecimento, quando acionamos nosso potencial rumo à perfeição, corrigindo nossas más tendências e valorizando cada vez mais as virtudes através das boas ações. Então vamos tomar conta antes de nós mesmos, para sermos bons exemplos, dignos, para os outros.

Como informam os espíritos superiores em *O Evangelho segundo o Espiritismo* (capítulo 10), é o orgulho que nos leva a dissimular os próprios defeitos, tanto morais como físicos, assim vendo o mal do outro antes de ver o mal que está em nós. Vamos corrigir isso?

Faça uma lista de todas as coisas que você acredita que pode, e deve, melhorar em si mesmo. Em seguida, planeje como fazer essa melhora, ponto a ponto, e, a cada dia, persiga os objetivos traçados. Você terá, paulatinamente, a satisfação de verificar que, com Jesus no coração, as reclamações sobre a vida diminuirão, e a paz e a felicidade acalmarão sua alma.

O homem não deve se esquecer jamais de que está num mundo inferior, onde só é retido pelas suas imperfeições. A cada vicissitude, deve lembrar que, se estivesse num mundo mais avançado, não teria de sofrê-la, e que dele depende não voltar a este mundo, desde que trabalhe para se melhorar.

Allan Kardec
(*O Evangelho segundo o Espiritismo*, cap. 5, item 7.)

15

SEJAMOS CARTAS VIVAS

Porque em verdade vos digo que, até que o céu e a terra passem, nem um jota ou um til se omitirá da lei, sem que tudo seja cumprido.

Jesus (Mateus 5:18.)

CAPÍTULO 15

O APÓSTOLO PAULO, EM suas famosas cartas que hoje encontramos publicadas no Novo Testamento, solicita ao cristão, ou seja, àquele que segue os ensinos de Jesus, que ele seja uma carta viva do Evangelho. Isso é muito significativo, mas nem sempre é compreendido em toda sua beleza e profundidade. Muitas pessoas se dizem cristãs, frequentam, assiduamente ou não, o templo de uma determinada doutrina cristã, por exemplo o catolicismo, o protestantismo, o espiritismo e outras, mas não pautam sua vida nos ensinos do Cristo. Será que eu e você estamos nessa condição?

É fácil reclamar da vida, ter desavenças com outras pessoas, viver como se Deus não existisse, e depois correr para o templo religioso para "descarregar" frustrações e pedir socorro espiritual, achando que a presença naquele momento e a realização de determinados rituais são o suficiente para manter o rótulo de cristão. Não, não basta. Que adianta bater no peito e dizer: sou espírita!, se as atitudes, os comportamentos diários desmentem essa condição?

Aprendemos com o espiritismo que a cada um é dado segundo suas obras, aliás ensino do próprio mestre Jesus, e que diante da lei divina só recebemos o que merecemos, de acordo com o que semeamos no bem, no amor, ou não. É por isso que, mesmo lembrando de ir ao centro espírita, fazer uma oração, tomar o passe e realizar um tratamento espiritual, nossa vida não melhora, pois tudo isso é feito sem sentimento, sem demonstração de vontade de mudar para melhor, de ser realmente uma pessoa do bem.

O verdadeiro cristão, e portanto o verdadeiro espírita, é aquele que procura viver no mundo de acordo com os princípios da doutrina que agasalha na mente e no coração. Não pode ser uma pessoa no dia a dia e outra quando entra no centro espírita.

Sejamos cartas vivas do Evangelho em todas as circunstâncias. O homem de bem é um homem no mundo, e não apenas no reduto do templo religioso. Pensemos nisso e façamos todos os esforços para sermos fiéis e legítimos seguidores de Jesus, pois somente assim a vida se transformará em alegrias, e o aborrecimento não terá mais vez em nossa alma.

As tribulações da vida podem ser impostas aos espíritos endurecidos, ou demasiado ignorantes para fazerem uma escolha consciente, mas são livremente escolhidas e aceitas pelos espíritos arrependidos, que querem reparar o mal que fizeram e tentar fazer melhor. Assim é aquele que, tendo feito mal a sua tarefa, pede para recomeçá-la, a fim de não perder as vantagens do seu trabalho. Essas tribulações, portanto, são ao mesmo tempo expiações do passado, que castigam, e provas para o futuro, que preparam. Rendamos graças a Deus que, na Sua bondade, concede aos homens a faculdade da reparação, e não o condena irremediavelmente pela primeira falta.

Allan Kardec
(*O Evangelho segundo o Espiritismo*, cap. 5, item 8.)

16

A PACIÊNCIA É MELHOR

O que eu faço não o sabes tu agora,
mas tu o saberás depois.

Jesus (João 13:7.)

CAPÍTULO 16

VOCÊ JÁ PERCEBEU QUE quando se trata da paciência, muitas pessoas dizem que a perdem com facilidade ou que nunca a tiveram? Pois bem, através do espiritismo aprendemos que essas duas situações são, na verdade, impossíveis, pois a paciência é uma virtude, uma qualidade moral e, portanto, pertence ao espírito imortal, nossa realidade, desde quando fomos criados por Deus. Reconhecemos, então, que o problema está no grau de desenvolvimento da paciência, até porque, e eis aqui outro aprendizado espírita, é equivocada a frase "paciência tem limite". Não tem. Precisamos desenvolvê-la mais e mais, mesmo porque é muito melhor resolver as questões com paciência do que com raiva.

Se você é daquelas pessoas que justificam os acessos de raiva com frases como "é que me dá nos nervos", "sou assim mesmo, pavio curto", "está no sangue", "não levo desaforo para casa", saiba que agindo assim muitas pessoas encontram até mesmo a morte, retornando para o mundo espiritual em situação lamentável. E mais: acessos de raiva, de fúria, de destempero acarretam desequilíbrios na saúde física e emocional: hipertensão, ataque cardíaco, depressão e outros males são comuns nas pessoas que não sabem usar de paciência.

Jesus disse-nos que bem-aventurados são os brandos e pacíficos, e ele tem razão, pois não se ganha o famoso reino dos céus no grito, na agressividade, no impulso sem controle. Somente com paciência, calma, tranquilidade e, claro, operosidade, é que temos uma vida melhor aqui na Terra, preparando bom retorno à realidade após a morte, quando daremos conta do que aqui fizemos. Lembre-se: a cada um é dado segundo suas obras.

Comece a exercitar a paciência em casa, sendo mais tolerante e compreensivo com os familiares, exercendo melhor a cooperação. Estenda isso aos vizinhos, aos colegas de trabalho, aos amigos. Trabalhe igualmente a fé em Deus, pois nada acontece por acaso, e tire de todas as suas experiências de vida valiosos aprendizados. Você vai perceber que é muito melhor resolver problemas de convivência e outras questões com a paciência, dando tempo ao tempo, do que com a raiva, que só traz consequências negativas para você e para os outros.

> *Não se deve crer, entretanto, que todo sofrimento porque se passa neste mundo seja necessariamente o indício de uma determinada falta: trata-se frequentemente de simples provas escolhidas pelo espírito, para acabar a sua purificação e acelerar o seu adiantamento. Assim, a expiação serve sempre de prova, mas a prova nem sempre é uma expiação.*
>
> **Allan Kardec**
> **(O Evangelho segundo o Espiritismo, cap. 5, item 9.)**

17

AS AFLIÇÕES E VOCÊ

Ouvistes que foi dito: Olho por olho, e dente por dente. Eu, porém, vos digo que não resistais ao mal; mas, se qualquer te bater na face direita, oferece-lhe também a outra. E, ao que quiser pleitear contigo, e tirar-te a túnica, larga-lhe também a capa; e, se qualquer te obrigar a caminhar uma milha, vai com ele duas.

Jesus (Mateus 5:38-41.)

CAPÍTULO 17

RICARDO NUNCA FOI MUITO organizado, pelo contrário, cultiva o hábito de tudo colocar no armário de qualquer jeito, empilhando as coisas até não mais poder. Certo dia ele precisou de um material apostilado e lembrou que o mesmo estava no armário. Depois de muito mexer e tirar coisas, impacientou-se, sem conseguir encontrar a apostila. Então, levantando a voz e dirigindo-se aos familiares, gritou: "Quem foi que mexeu no meu armário?". Típica atitude de transferência de responsabilidade. O único culpado pela bagunça e pela não localização do material era ele mesmo.

Essa história ilustra bem a questão das causas atuais das aflições, estudada por Allan Kardec no capítulo 5 de *O Evangelho segundo o Espiritismo*. Muitas vezes sofremos não porque estejamos diante de uma expiação ligada a alguma coisa que fizemos em vidas passadas, e nem tão pouco porque estamos passando por uma prova causada por quem vive conosco. A verdade é que muitos sofrimentos, muitas aflições são causados pela nossa imprevidência, pelo nosso egoísmo e pelo nosso orgulho.

Se nos deixamos levar por impulso, se a ansiedade toma conta dos nossos procedimentos, se guardamos mágoa de alguém, se nos movemos por desejo de vingança, se ficamos nervosos por qualquer coisa, se nunca nos organizamos, vamos acarretar para nós mesmos aflição, dor, sofrimento que, se não resolvermos enquanto estamos encarnados, vamos levar para o mundo espiritual, o que não é nada bom.

Para melhor viver precisamos ser previdentes, saber planejar a existência, organizar as coisas, de modo que vivamos ligados no bem para nós mesmos e para os outros, sem maiores sobressaltos. Para isso nada melhor do que seguir os exemplos de Jesus, nosso guia e modelo.

Então, antes de culpar os outros, as vidas passadas e até mesmo Deus pelos sofrimentos e aflições que estejamos passando, primeiro façamos uma tomada de consciência dos nossos pensamentos, falas e ações, para saber em que precisamos nos modificar. É provável que nos descubramos causadores dos próprios males, mas como para tudo tem remédio e a lei é de evolução, basta então colocar em prática a reforma íntima, e viveremos bem melhor.

O sofrimento que não provoca murmurações pode ser, sem dúvida, uma expiação, mas indica que foi antes escolhido voluntariamente do que imposto; é a prova de uma firme resolução, o que constitui sinal de progresso.

Allan Kardec
(O Evangelho segundo o Espiritismo, cap. 5, item 9.)

18

Projeto de Vida

Não necessitam de médico os sãos, mas, sim, os doentes.

Jesus (Mateus 9:12.)

CAPÍTULO 18

PARA QUE POSSAMOS REALIZAR nossa transformação moral, caminho seguro para a paz e a felicidade, podemos fazer um exercício muito útil, e fácil de ser realizado, que consiste no seguinte: todos os dias, no final da jornada, ou seja, antes de dormir, mentalmente passar em revista o que fizemos, o que pensamos e o que falamos. Vamos nos perguntar: foi bom? Foi mal? Podia ter sido melhor? Não devia ter feito? E assim por diante. Podemos utilizar um caderno, ou um programa de computador para listar vícios, defeitos, erros e, também, tudo de bom, de positivo que já conseguimos ser e fazer, e que podemos melhorar. É aí que surge o Projeto de Vida, ou seja, nossas promessas para o dia seguinte: prometo que vou dar bom dia para todo mundo; que não vou brigar com ninguém; que vou vigiar minha língua para não falar mal dos outros e assim por diante.

É claro que chegando a noite, teremos que verificar se cumprimos as promessas, até que ponto conseguimos colocá-las em prática. Caso tenhamos falhado, vamos colocar as mesmas promessas no projeto para o dia seguinte, e assim sucessivamente, até que consigamos tudo fazer de forma espontânea, natural, o que significará que conseguimos realizar nossa transformação moral.

Tivemos essa ideia ao lermos a questão 919 de *O Livro dos Espíritos*, quando o espírito Santo Agostinho coloca seu próprio exemplo, ao informar que nessa encarnação em que ficou famoso, todos os dias revisava seus atos, pensamentos e palavras, o que o levou a fazer grandes conquistas morais.

Bem, se Agostinho, que era uma pessoa comum, conseguiu fazer, até ser reconhecido como um homem santo, podemos também trilhar esse mesmo caminho, fazendo o exercício e, pouco a pouco, desenvolvendo as virtudes, que vão abafar, ou melhor, transformar os vícios.

Vamos começar a trabalhar? Coloque o foco nas virtudes que precisam ser mais desenvolvidas, ou seja, preocupe-se com as qualidades morais, os valores humanos com os quais você gostaria de ser reconhecido, e esforce-se para, mais e mais, a cada dia, vivenciá-los. Tenha certeza que os bons espíritos, em nome de Deus, irão auxiliá-lo.

Os espíritos não podem aspirar à perfeita felicidade enquanto não estão puros; toda mancha lhes impede a entrada nos mundos felizes.

Allan Kardec
(*O Evangelho segundo o Espiritismo*, cap. 5, item 10.)

19

O PERDÃO DAS OFENSAS

A candeia do corpo são os olhos; de sorte que, se os teus olhos forem bons, todo o teu corpo terá luz; se, porém, os teus olhos forem maus, o teu corpo será tenebroso. Se, portanto, a luz que em ti há são trevas, quão grandes serão tais trevas!

Jesus (Mateus 6:22-23.)

CAPÍTULO 19

APRENDER A PERDOAR É dar mostras de progresso espiritual. Mas, mesmo sabendo disso, muitas pessoas dizem que é muito difícil perdoar alguém. Outras dizem que depende do tipo de ofensa, ou seja, algumas dá para perdoar, outras não. E tem aquelas pessoas que dizem que perdoaram, mas não querem ver a outra pessoa de jeito nenhum. Isso significa que não houve o verdadeiro perdão, que é do coração, houve um perdão só dos lábios, da boca para fora. E quando dizemos perdoar, mas ficamos felizes quando sabemos de algum mal ocorrido com a pessoa? Temos que tomar muito cuidado com tudo isso, pois nossa vida acontece de acordo com o que pensamos e fazemos.

E ainda temos a realidade espiritual. Quem guarda

mágoa, rancor, ressentimento, desencarna muito mal, e vai ter que enfrentar os desafetos na realidade espiritual, que podem estar acalentando desejo de vingança. Lembremos que Jesus ensinou que com a mesma medida que julgarmos os outros seremos julgados pela lei divina.

No capítulo 10 de *O Evangelho segundo o Espiritismo*, os benfeitores espirituais lembram que Deus sempre está a nos perdoar e dar uma segunda chance. Cabe-nos fazer o mesmo com o próximo, seja ele nosso familiar, amigo ou um simples conhecido.

Em tempos modernos de alta tecnologia, temos que tomar cuidado com as publicações que fazemos nas redes sociais, quando muitas vezes denegrimos outras pessoas ou espalhamos defeitos e vícios de nossos irmãos em humanidade, esquecidos de que também somos imperfeitos e temos vícios e defeitos morais que precisamos combater incessantemente, ou seja, preocupemo-nos primeiro conosco mesmos.

O ideal é que atinjamos progresso moral e espiritual que nos isente de nos sentirmos ofendidos. Enquanto isso não acontece, utilizemos de indulgência para com as imperfeições alheias e combatamos o orgulho que ainda habita dentro de nós. Fazendo isso nossa vida terá mais paz, e essa paz também alcançará os outros, numa vivência mais harmoniosa e de acordo com os ensinos do Evangelho.

> *As provas da vida fazem progredir, quando bem suportadas: como expiações, apagam as faltas e purificam; são o remédio que limpa a ferida e cura o doente, e quanto mais grave o mal, mais enérgico deve ser o remédio.*
>
> **Allan Kardec**
> **(*O Evangelho segundo o Espiritismo*, cap. 5, item 10.)**

20

CONTROLANDO OS PENSAMENTOS

Curai os enfermos, limpai os leprosos, ressuscitai os mortos, expulsai os demônios; de graça recebestes, de graça dai.

Jesus (Mateus 10:8.)

CAPÍTULO 20

VOCÊ JÁ PAROU PARA pensar sobre o poder da mente? E que o pensamento é energia, e essa energia atinge os outros? Se você não acredita nisso, basta verificar a telepatia, que é a transmissão de pensamento de uma pessoa para outra, fato já comprovado pela pesquisa científica. E quando dizemos que o ambiente está "carregado", "pesado"? Carregado e pesado do quê? Das energias negativas transmitidas pelos pensamentos em desalinho das pessoas que fazem aquele ambiente. Então, por tudo isso, devemos tomar cuidado com os nossos pensamentos.

Esse cuidado é tão importante, que Jesus recomendou: "Vigiai e orai". A vigilância do pensamento em primeiro lugar, isso porque, sabedor da realidade imortal da vida, antecipava a grave questão da ideoplastia, que o espiritismo estuda, ou seja, um pensamento fixo em determinada coisa gera automaticamente uma forma-pensamento, atraindo para nós as companhias espirituais correspondentes.

Em outras palavras, se pensamos coisas ruins, esses pensamentos, que são energias mentais, formam na dimensão espiritual formas e forças correspondentes, por isso a necessidade de pensarmos coisas boas, para criarmos mentalmente formas-pensamento positivas, atraindo para nós a companhia dos bons espíritos.

Antes de tomar uma decisão, ou de agir impulsivamente, pare, pense, reflita. Não saia simplesmente falando e fazendo, para não ter depois, de se arrepender amargamente pelas consequências ruins dos próprios atos.

O mundo está repleto de pessoas que não medem as consequências do que pensam, falam e fazem, mas em contato com o espiritismo, não podemos mais agir desse modo, pois, perante a lei divina, somos responsáveis por nós mesmos, arcando com as consequências do que pensamos, falamos e fazemos. Lembremos que "a cada um será dado segundo as suas obras", já aqui na Terra e depois, no retorno à pátria espiritual. Então, controlemos os pensamentos, para que eles gerem boas coisas para nós e para os outros.

> *O espírito renasce frequentemente no mesmo meio em que viveu, e se encontra em relação com as mesmas pessoas, a fim de reparar o mal que lhes tenha feito.*
>
> **Allan Kardec**
> **(O Evangelho segundo o Espiritismo, cap. 5, item 11.)**

21

DEUS OUVE NOSSAS PRECES

*Se eu quero que ele fique até que eu venha, que te impor-
ta a ti? Segue-me tu.*

Jesus (João 21:22.)

CAPÍTULO 21

MUITAS PESSOAS DUVIDAM QUE Deus ouve as preces que Lhe endereçamos e, por isso, não acreditam no poder da prece, ou oração. Seja por falta de fé ou por acharem que Deus é ocupado demais para prestar atenção a cada um dos Seus filhos, deixam de utilizar essa ferramenta muito útil, que tantos benefícios pode nos proporcionar.

Sim, afirmamos, Deus ouve nossas preces e sempre nos atende, talvez não da maneira como gostaríamos, mas sempre com o que realmente necessitamos e podemos receber. O espiritismo explica bem como isso acontece, pois toda prece significa emissão de energia mental que atravessa o fluido cósmico universal, e, dependendo da força do pensamento, da fé que impregna nossa rogativa, essa energia mental chega inclusive a planos espirituais superiores. Em todas as esferas espirituais existem equipes de espíritos benfeitores encarregados de receber, classificar e avaliar as preces, encaminhando assim o atendimento que se faça possível, sempre obedecendo os parâmetros da lei divina.

Deus não derroga, não transforma Suas leis por causa de um pedido nosso, e sim utiliza da flexibilidade dessas próprias leis, de acordo com nossos méritos, para nos atender, mas sem levar em conta nossos caprichos, pois, como ensinou Jesus, o que prevalece é a vontade do Pai, e não a nossa, isso porque Ele é perfeito e soberanamente justo e bom.

Diante da dor, da aflição, do sofrimento, de um problema podemos orar, mas colocando fervor, fé em nossa rogativa. Diante de uma alegria, de momentos felizes, devemos orar em agradecimento. Diante do esplendor da vida, devemos orar em louvor a Deus.

A prece, da mais singela até a mais emotiva, deve sair de nosso coração, e ninguém precisa saber que a estamos formulando. E também não é o número de palavras, ou tempo de duração, que dá mais poder à prece. A sinceridade, a humildade e a fé são os elementos que potencializam a oração e fazem que ela possa ser atendida. Assim, tenha certeza de que Deus ouve suas preces, e que Ele, com Sua infinita misericórdia, nunca deixará de atender às rogativas de um filho Seu.

Deus nos deu, para nos melhorarmos, justamente o que necessitamos e nos é suficiente: a voz da consciência e as tendências instintivas; e nos tira o que poderia prejudicar-nos.

Allan Kardec
(*O Evangelho segundo o Espiritismo*, cap. 5, item 11.)

22

GRATIDÃO

Entrai pela porta estreita; porque larga é a porta, e espaçoso o caminho que conduz à perdição, e muitos são os que entram por ela; e porque estreita é a porta, e apertado o caminho que leva à vida, e poucos há que a encontrem.

Jesus (Mateus 7:13-14.)

CAPÍTULO 22

TODOS OS DIAS PELA manhã, ao despertar, pássaros variados, aninhados nas árvores que ornamentam a rua, dão-me bom dia com seu cantar alegre e variado, e então sou grato por Deus colocá-los perto de mim, sonorizando os primeiros momentos de mais um dia de existência terrena. Isso me leva a ter um olhar positivo sobre a vida, vendo em todas as coisas o lado bom, útil e belo. Agora, num dia chuvoso e frio, desperto sem a companhia das aves, que abrigam-se em seus ninhos, mas isso não me impede de estar grato pela bênção da chuva e por tudo que poderei realizar e aprender ao longo do dia.

Precisamos aprender a utilizar a gratidão em todas as circunstâncias, pois sabemos que o acaso não existe e que tudo o que nos sucede possui um motivo justo, pois sendo Deus, Pai e Criador, soberanamente justo e bom, Ele não poderia permitir que fôssemos injustiçados, e que determinadas situações não fossem boas para nós. O que acontece é que nem sempre entendemos a sublimidade dos acontecimentos existenciais, e por isso acabamos sendo ingratos com o Criador e com a vida.

Joanna de Ângelis, querida benfeitora espiritual, assim se expressa: "A gratidão é um sentimento profundo e significativo, porque não se limita apenas ao ato da recompensa habitual. É mais grandioso, porque traz satisfação e tem caráter psicoterapêutico. Todo aquele que é grato, que compreende o significado da gratidão real, goza de saúde física, emocional e psíquica, porque sente alegria de viver, compartilha de todas as coisas, é membro atuante na organização social, é criativo e jubiloso". Essa fala está no livro *Psicologia da gratidão*, na psicografia de Divaldo Franco.

Exercitemos a gratidão, mesmo para aqueles que não nos compreendem ou estão distanciados das lições do Evangelho, pois tudo o que nos acontece pode ser transformado em imorredouras lições para o nosso progresso moral e espiritual. Vamos aprendendo a compreender, tolerar, perdoar, abençoar e viver cada vez melhor, em equilíbrio, não abrindo lugar, no coração, para mágoas, ressentimentos e raivas, pois essas coisas representam a ingratidão, quando o amor deve inundar a alma e nossos atos na vida. Sejamos gratos, sempre!

O homem pode abrandar ou aumentar o amargor das suas provas, pela maneira de encarar a vida terrena. Maior é o seu sofrimento, quando o considera mais longo. Ora, aquele que se coloca no ponto de vista da vida espiritual, abrange na sua visão a vida corpórea, como um ponto do infinito, compreendendo a sua brevidade, sabendo que esse momento penoso passa bem depressa. A certeza de um futuro próximo e mais feliz o sustenta e encoraja, e em vez de lamentar-se, ele agradece ao céu as dores que o fazem avançar.

**Allan Kardec
(O Evangelho segundo o Espiritismo, cap. 5, item 13.)**

23

DIANTE DAS DIFICULDADES DA VIDA

Em verdade, em verdade vos digo que eu sou a porta das ovelhas. Todos quantos vieram antes de mim são ladrões e salteadores; mas as ovelhas não os ouviram. Eu sou a porta; se alguém entrar por mim, salvar-se-á, e entrará, e sairá, e achará pastagens.

Jesus (João 10:7-9.)

CAPÍTULO 23

DORES E AFLIÇÕES, PROBLEMAS e dificuldades, todos nós enfrentamos, em maior ou menor intensidade, em qualquer época da vida, e, às vezes, essas situações se prolongam por um bom tempo, o que leva muitas pessoas a começar a pensar em desistir de viver, perdendo a esperança em dias melhores, não entendendo por que a existência, para elas, é tão difícil. É aqui que a doutrina espírita tem muito a nos esclarecer e, também, consolar.

No capítulo 5 de *O Evangelho segundo o Espiritismo*, Allan Kardec apresenta as duas causas principais das nossas aflições: as causas anteriores e as causas atuais. As causas anteriores estão ligadas ao que fizemos em vidas passadas, ou seja, em outras encarnações, quando, através de nossos atos, prejudicamos alguém e ferimos a lei divina. Agora, através de uma expiação ou de uma prova, temos que reparar esse passado, e isso normalmente traz um tanto de dor, ou pelo menos de dificuldade.

Já as causas atuais, segundo Kardec, e de acordo com os princípios que o espiritismo nos apresenta, decorrem da nossa imprevidência, do nosso orgulho, do nosso egoísmo, quando, invigilantes e prepotentes, desorganizados e hipócritas, acabamos acarretando males para nós mesmos, e que não estavam previstos em nosso planejamento reencarnatório.

De tudo isso compreendemos que a dor, a aflição, o sofrimento, nada disso ocorre por acaso, pois tudo tem a sua razão de ser, e ainda mais: tudo o que nos acontece é justo, isso porque Deus é justo e bom, e não permitiria que Seus filhos sofressem por sofrer, sem necessidade, sem um objetivo maior.

Então, diante de qualquer dificuldade, seja qual for, mantenha a calma e utilize a resignação, pois essas duas atitudes permitirão que você receba o auxílio divino através da intervenção dos espíritos benfeitores, que vão lhe insuflar coragem, sustentar sua fé e lhe inspirar para prosseguir, pois Deus nunca abandona Seus filhos e está sempre farto de misericórdia. Jamais desistir da vida, sustentando-se no amor, pois a dor passa, mas o amor é eterno.

> *A calma e a resignação adquiridas na maneira de encarar a vida terrena, e a fé no futuro, dão ao espírito uma serenidade que é o melhor preservativo da loucura e do suicídio.*
>
> **Allan Kardec**
> **(O Evangelho segundo o Espiritismo, cap. 5, item 14.)**

24

EDUCANDO PARA O FUTURO

*Portanto, tudo o que vós quereis que os
homens vos façam, fazei-lho também vós,
porque esta é a lei e os profetas.*

Jesus (Mateus 7:12.)

CAPÍTULO 24

TODOS NÓS SABEMOS QUE as gerações se sucedem, o tempo passa, e a humanidade continua seu progresso. Todos nós sabemos que a existência é limitada, que um dia retornaremos ao mundo espiritual pelas portas da morte, e que filhos e netos formarão a nova sociedade humana. Então, de posse dessa verdade, está na hora de nos preocuparmos com a educação que fornecemos àqueles que aqui vão nos substituir e continuar. E essa preocupação torna-se ainda mais grave e profunda quando colocamos no tema a reencarnação, pois um dia retornaremos a este mundo, ou seja, iremos depender daqueles que aqui deixamos, os quais receberam de nós a educação que possuem. Como gostaríamos que eles nos criassem e educassem?

Analisando assunto tão grave e essencial que é a educação, encontramos no espiritismo diretrizes seguras, e a primeira diretriz é a da autoeducação, ou seja, que para bem educarmos é preciso primeiro que nos eduquemos. E como educação é conjunto de hábitos adquiridos, devemos iniciar a autoeducação corrigindo vícios e tendências, esforçando-nos para dar bons exemplos, pois de que adianta falar, pedir, orientar, se não fazemos aquilo que falamos?

Muitos de nós damos aos filhos, netos e sobrinhos grandes sermões, e ainda utilizamos de castigos, fazendo-os perder o direito de alguma coisa, entretanto, fazemos, de nossa parte, o contrário do que solicitamos que eles façam. Entendendo: queremos educá-los e que eles sejam educados, mas somos a deseducação em pessoa. Como pedir para falar baixo se conversamos aos gritos? Como castigar pelo uso de um palavrão, quando utilizamos essas palavras cotidianamente? Como pedir sempre a verdade, quando vivemos mentindo, inventando desculpas?

Por tudo isso a educação deve pensar o futuro, trabalhando a moralização e a espiritualização do ser, o desenvolvimento de seu senso moral, das suas virtudes, tendo sempre o amor como base de todo o processo. E é por amor a nós mesmos que devemos nos educar. Comecemos agora, sem mais perda de tempo, pois o amanhã só depende de nós, e nesse amanhã aqui estaremos de volta e, com certeza, vamos querer receber uma boa educação, com bons exemplos dos nossos pais, que talvez sejam os que atualmente estão na posição de nossos filhos ou netos.

> *O resultado da maneira espiritual de encarar a vida*
> *é a diminuição de importância das coisas mundanas,*
> *a moderação dos desejos humanos, fazendo o homem*
> *contentar-se com a sua posição, sem invejar a dos outros,*
> *e sentir menos os seus revezes e decepções.*
>
> **Allan Kardec**
> (**O Evangelho segundo o Espiritismo**, cap. 5, item 13.)

25

CUIDANDO DO MEIO AMBIENTE

Vinde a mim, todos os que andais em sofrimento e vos achais carregados, e eu vos aliviarei. Tomai sobre vós o meu jugo, e aprendei de mim, que sou manso e humilde de coração, e achareis descanso para as vossas almas. Porque o meu jugo é suave e o meu fardo é leve.

Jesus (Mateus, 11:28-30.)

CAPÍTULO 25

QUANDO COLOCAMOS O PÉ na estrada e viajamos pelo interior deste país, constatamos o alto nível de desmatamento. Em determinadas regiões são quilômetros a perder de vista, em ambos os lados da estrada, sem conseguir localizar vegetação natural, substituída pela cultura exclusiva de determinado produto, ou pelo pasto para a criação de gado. Nesse quadro, as nascentes sofrem, os animais morrem, o clima fica descontrolado e as estações do ano já não se fazem mais as mesmas.

E se somarmos a isso a poluição dos rios, os gases tóxicos produzidos nas grandes cidades e lançados na atmosfera, mais o desmatamento da Floresta Amazônica, eis o quadro montado para temporais localizados, secas extremas em outras áreas, verão com sensação térmica de 50 graus, invasão de animais nativos em áreas urbanas das cidades, tudo isso mostrando que o meio ambiente está agonizando e os homens e mulheres estão sofrendo todas essas consequências.

Cuidemos do meio ambiente. É urgente arborizar nossas cidades, a partir dos nossos quintais, e quebrar nossas calçadas para colocação de canteiros gramados, assim permitindo que a água da chuva chegue com mais facilidade ao lençol freático. Também precisamos acelerar a coleta seletiva e a reciclagem do lixo, e deixar de utilizar sacos plásticos para tudo, pois eles danificam a natureza. Precisamos urgentemente reflorestar e também proteger os rios, lagoas e nascentes.

Essas medidas, e tantas outras, não dependem exclusivamente das autoridades públicas, pois igualmente temos que fazer a nossa parte. Não corte aquela árvore só porque suas folhas sujam a sua casa; ela é muito importante. Onde os pássaros vão habitar e cantar? Se for construir, pense numa casa, que seja ecologicamente correta, com sistema de recolhimento da água da chuva e, por que não, captação de energia solar.

Somos almas imortais que, para nossa evolução, muito necessitamos deste planeta, que é a nossa casa, num empréstimo divino, então temos que cuidar muito bem dela, e não apenas explorar e esgotar seus recursos. Lembremos que todos temos ainda a necessidade de nascer de novo, ou seja, de reencarnar, então, respondamos: que planeta queremos encontrar amanhã, no nosso futuro? Pensemos seriamente nisso e façamos agora a nossa boa parte.

> *A misericórdia é o complemento da mansuetude, pois os que são misericordiosos também são mansos e pacíficos. Ela insiste no esquecimento e no perdão das ofensas.*
>
> **Allan Kardec**
> **(O Evangelho segundo o Espiritismo, cap. 10, item 4.)**

26

EXPLICAÇÃO PARA OS ACONTECIMENTOS DA VIDA

Bem-aventurados os pobres de espírito, porque deles é o Reino dos Céus.

Jesus (Mateus, 5:3.)

CAPÍTULO 26

DIZ A SABEDORIA POPULAR que a vida tanto pode nos reservar surpresas, quanto pode nos trazer longos períodos em que parece que nada dá certo, uma verdadeira maré de azar toma conta de nossa existência, e os sonhos nunca são alcançados. Então bate o desânimo, a desesperança e até a descrença em Deus, levando a consequências como a depressão e pensamentos de terminar com a própria vida, ou seja, o suicídio. Entretanto, com o espiritismo tudo muda de perspectiva, encontramos as razões das alegrias e das tristezas, e temos motivos de sobra para festejar a vida e continuar vivendo.

Na verdade a vida não nos reserva surpresas, pois somos construtores de nós mesmos e, dependendo de como estamos vivendo, de quais são os nossos valores, é possível fazer uma projeção do que poderá nos acontecer. Somos nós que fazemos a própria felicidade ou infelicidade. E a tal maré de azar não existe, pois em verdade, nem sorte nem azar existem, cada um faz suas escolhas utilizando o livre-arbítrio e assume as consequências, e recebe de Deus, nosso Pai e Criador, o que merece e pode receber, de acordo com o estágio de progresso moral em que se encontra, e obedecendo o planejamento reencarnatório preestabelecido.

Agora, como Deus é justo e misericordioso, e nunca nos falta com Sua bondade e amor, existe flexibilidade, pois Ele nos julga pelas nossas intenções e pelos nossos méritos, então, apesar da fase existencial não muito boa, não podemos perder nem a fé, nem a crença, e muito menos deixar de fazer nossa parte em busca do melhor, pois é assim que vamos realizando aprendizados importantes para, no futuro, sermos mais felizes, até porque tudo tem sua razão de ser.

E por falar em felicidade, recomendamos a leitura do último capítulo da 2ª parte do livro *O Céu e o Inferno*, de Allan Kardec, quando nos deparamos com comoventes e sinceras mensagens de espíritos, homens e mulheres que em sua última existência terrena souberam suportar as expiações e provas sem esmorecimento, e agora no mundo espiritual são felizes, pois souberam não reclamar e fizeram todos os esforços possíveis em praticar o bem. Faça a leitura, e você ficará então sabendo explicar os acontecimentos de sua vida.

Nas grandes calamidades, a caridade se agita, e veem-se generosos impulsos para reparar os desastres. Mas, ao lado desses desastres gerais, há milhares de desastres particulares, que passam desapercebidos, de pessoas que jazem num miserável catre, sem se queixarem. São esses os infortúnios discretos e ocultos, que a verdadeira generosidade sabe descobrir, sem esperar que venham pedir assistência.

Allan Kardec
(*O Evangelho segundo o Espiritismo*, cap. 13, item 4.)

27

CONSTRUINDO A VERDADEIRA FELICIDADE

Naquela hora, chegaram-se a Jesus os seus discípulos dizendo: Quem é o maior no Reino dos Céus? E Jesus, chamando um menino, o pôs no meio deles e disse: Na verdade vos digo que se não fizerdes como meninos, não entrareis no Reino dos Céus.

Jesus (Mateus, 18:1-5.)

CAPÍTULO 27

ANOTOU O EVANGELISTA MATEUS (7:13-14): "Entrai pela porta estreita, porque larga é a porta da perdição", ensino do mestre Jesus que merece sérias e profundas reflexões, pois muitos procuram o caminho da porta larga entendendo que ele é o que propicia felicidade, mas isso, na verdade, é um engano. A porta larga a que se refere o Cristo representa os prazeres do mundo, o apego às coisas materiais onde, infelizmente, ainda encontramos boa parte da humanidade, agarrada ao corpo, ao dinheiro, à fama, à posição social, ao poder político, não medindo esforços para conquistar o que considera como sendo tudo na vida.

Devemos todos prestar atenção ao depoimento de famosa modelo e apresentadora, que ficou entre a vida

SUPERANDO AFLIÇÕES – DESENVOLVENDO A ESPIRITUALIDADE | 173

e a morte depois de mais uma intervenção cirúrgica para embelezamento do corpo, e que agora, adoentada, se arrepende de ter se movimentado ao longo dos anos somente na busca de beleza física, fama e dinheiro, sem medir as consequências, sem respeitar o direito dos outros, chegando apenas a um vazio na alma.

Temos que tomar muito cuidado com as escolhas que fazemos, com as prioridades que elegemos para o nosso viver, entendendo que a felicidade neste mundo é relativa, pois somos almas imortais, não somos o corpo, e tudo o que se refere à existência terrena é passageiro, portanto, tem que ser relativizado, ou seja, não pode ser o principal motivo pelo qual temos que perceber quais são nossos valores, sonhos e ideais. Quanto mais eles estiverem no mundo material, mais distantes estaremos de nosso destino: a perfeição.

Algumas pessoas reclamam que trabalhar para a verdadeira felicidade exige muitos sacrifícios, têm-se que abrir mão de muitas coisas, mas não é bem assim, pois a verdadeira felicidade está na prática do amor ao próximo, na crença em Deus, e não precisamos, para isso, abrir mão de viver na sociedade.

Caminhemos em direção à porta estreita, ou seja,

a porta da renúncia, da abnegação, da caridade, da solidariedade, da espiritualização, mas caminhemos vivendo no mundo, com os homens e as mulheres do jeito que são, apenas valorizando o bem proceder, os bons exemplos, a ética, pois isso gera a verdadeira felicidade, a paz de consciência e de espírito.

Toda a moral de Jesus se resume na caridade e na humildade, ou seja, nas duas virtudes contrárias ao egoísmo e ao orgulho. Em todos os seus ensinamentos, mostra essas virtudes como sendo o caminho da felicidade eterna.

Allan Kardec
(*O Evangelho segundo o Espiritismo*, cap. 15, item 3.)

28

UM OLHAR PARA O FUTURO

*Naquele tempo, respondendo, disse Jesus:
Graças te dou a ti, Pai, Senhor do Céu e da Terra,
porque escondeste estas coisas aos sábios
e prudentes, e as revelaste aos
simples e pequeninos.*

Jesus (Mateus, 11:25.)

CAPÍTULO 28

ESTAMOS TÃO LIGADOS AO aqui e agora, vivendo o hoje, que raras vezes pensamos no futuro, nosso e da humanidade. Quando muito planejamos a vida para daqui a alguns meses ou para as próximas férias anuais, mesmo assim é um olhar para frente materialista, ligado a questões como programar uma viagem, o rendimento do dinheiro guardado na poupança, a compra da casa própria, o tempo de estudos até o encerramento da universidade e assim por diante. Claro que tudo isso tem sua importância e deve ter seus cuidados, mas será o essencial?

Vivemos dias de muitas tormentas: crise hídrica com a falta de água, clima com temperatura em elevação, desmatamento de florestas, altos índices de corrupção, violência no seio da sociedade e tantas outras coisas que precisam de nossa atenção, pois referem-se ao nosso futuro e ao das próximas gerações. E com um agravante: a reencarnação, pois uma próxima geração pode ser composta por nós mesmos. Será que estamos dispostos a enfrentar numa próxima encarnação a falta de água, a desestruturação familiar, a injustiça social, as guerras civis, a fome e a miséria?

Não podemos ficar impassíveis diante do noticiário da televisão ou de outras mídias. Você sabia que temos 880 milhões de pessoas em todo o mundo morando em favelas sem nenhum tipo de saneamento básico? E que o esgoto dos centros urbanos contamina o solo, o lençol freático e os rios? Você sabia que surtos de doenças são cíclicos por causa da falta de higiene e da contaminação da água? Precisamos nos movimentar para mobilizar a sociedade em benefício dela mesma, e para auxiliar o nosso planeta, dádiva divina, a não morrer antes do tempo.

Não fique aí parado diante da tevê ou do computador, ou das redes sociais, achando que a culpa é dos governos e dos outros. Todos temos parte em tudo o que está acontecendo, de bom e de ruim, por isso não podemos ficar acomodados fazendo somente o nosso dia a dia, como se os outros e o mundo não existissem.

Como espíritas compete-nos colocar em prática o "amai-vos uns aos outros" através de ações de solidariedade e fraternidade, começando pela rua onde moramos, abrangendo a comunidade local e até a cidade e outros locais, graças à internet, trabalhando hoje para um amanhã melhor.

O amor do próximo, estendido até o amor dos inimigos, não podendo aliar-se com nenhum defeito contrário à caridade, é sempre, por isso mesmo, o indício de uma superioridade moral maior ou menor. Do que resulta que o grau de perfeição está na razão direta da extensão desse amor.

Allan Kardec
(*O Evangelho segundo o Espiritismo*, cap. 17, item 2.)

29

JESUS ESTÁ COM VOCÊ

*Bem-aventurados os puros de coração,
porque eles verão a Deus.*

Jesus (Mateus, 5:8.)

CAPÍTULO 29

INFORMAM OS BENFEITORES ESPIRITUAIS que Jesus é o governador do planeta Terra e o espírito mais perfeito que aqui já esteve, por isso é o nosso modelo e guia. Pensando sobre essas informações, concluímos que ele não poderia jamais nos abandonar, nos deixar sozinhos, mesmo porque, quando aqui esteve há mais de dois mil anos, fez questão de ensinar e exemplificar as lições do Evangelho junto aos amigos e às multidões, nunca se isolando e a todos atendendo. Então, por que, como governador de nosso mundo, ficaria distante de nós?

Tenhamos certeza de que Jesus está conosco em todos os momentos de nossas vidas, não apenas quando a dor nos visita, mas igualmente quando a alegria se faz presente, pois ele é o amigo de todos os instantes, de todas as horas, embora não possa ficar nos carregando, nos eximindo das provas pelas quais temos necessidade de passar. Mas estará junto, consolando, orientando, esclarecendo e fortalecendo nossa fé.

Jesus é o caminho que nos liga a Deus, nosso Pai, e esse caminho é o do amor ao próximo e da prática do bem. É por esse motivo que o espiritismo declara que fora da caridade não há salvação e, relembrando um dos principais ensinos do Cristo, informa que a cada um é dado segundo suas obras, seja já nesta existência, ou após a morte, na vida futura.

Lembremos, contudo, que o amigo não pode fazer as coisas por nós, e que para cultivarmos essa amizade precisamos fazer nossa parte, ou seja, precisamos realizar nossa transformação moral, termos compaixão pelos outros, perdoar as ofensas. Jesus sempre está conosco, mas será que sempre estamos com Jesus?

Devemos levar nossa vida em sintonia com os ensinos da Boa-Nova, lembrando que nada pelo que lutamos e temos aqui na Terra nos acompanhará depois do túmulo, portanto, para estarmos com Jesus devemos nos enriquecer de virtudes, de amor, de caridade, fazendo crescer na humanidade a solidariedade, a tolerância, a fraternidade. É assim que ele se alegrará conosco, e viveremos bem melhor em sua alegria.

> *Todos os que confessam a missão de Jesus, dizem: Senhor, Senhor! Mas de que vale chamá-lo Mestre ou Senhor, quando não se seguem os seus preceitos? São cristãos esses que o honram através de atos exteriores de devoção, e ao mesmo tempo sacrificam no altar do egoísmo, do orgulho, da cupidez e de todas as paixões?*
>
> **Allan Kardec**
> (*O Evangelho segundo o Espiritismo*, cap.18, item 9.)

30

DROGAS NA FAMÍLIA

Ai do mundo, por causa dos escândalos. Porque é necessário que sucedam escândalos, mas ai daquele homem por quem vem o escândalo.

Jesus (Mateus, 11:6.)

CAPÍTULO 30

Os PAIS E RESPONSÁVEIS precisam estar atentos ao comportamento dos filhos, e de todas as crianças, adolescentes e jovens, para detectar se os mesmos estão tendo contato com os tóxicos e com o álcool, pois se isso não acontecer, pode ser tarde demais, ou seja, eles já podem ter entrado para o mundo desses vícios degradantes do organismo e da alma.

Muitos adultos, para ter um pouco de paz e sossego, deixam as crianças durante horas diante da televisão, do *videogame* ou da internet, sem exercer nenhuma fiscalização, sem oferecer qualquer orientação, deixando-os livres para receber qualquer tipo de influência, o que pode acarretar sérios problemas, inclusive o dos valores invertidos, normalmente reforçados pelos grupos sociais aos quais o jovem começa a pertencer. É uma porta aberta, escancarada, para o mergulho nos vícios.

Com os espíritos benfeitores da Humanidade, em *O Livro dos Espíritos*, de Allan Kardec, aprendemos que educar os filhos é sagrada missão confiada por Deus aos pais, e que se essa missão não for cumprida, os pais deverão responder por isso perante a lei divina. Dando liberdade em excesso, e não fornecendo bons exemplos, os pais são considerados culpados pela entrada dos filhos no universo das drogas, entre elas também a bebida alcoólica.

As drogas aviltam o caráter, estragam o corpo físico, provocam influência espiritual inferior, ou seja, são tudo de ruim para o ser humano, arruinando vidas e, portanto, devem os pais, através da educação moral, realizar todos os esforços para o desenvolvimento do senso moral de seus filhos, para a consolidação de bons valores e ideais de vida, sem o que a tendência para o vício, que pode estar vindo de outras encarnações, pode ganhar terreno.

Se você estiver enfrentando o problema das drogas em seu lar, não se desespere, nem tome medidas drásticas, antes, procure ajuda especializada, receba orientação no centro espírita e, acima de tudo, por amor ao seu filho, persevere incansavelmente por libertá-lo do vício, pois ele é igualmente filho de Deus, destinado à perfeição. Não se culpe; não adianta remoer o ontem, pois mais importante é agir hoje visando um futuro melhor.

> *Por que Deus, que não quer a morte do pecador, o privaria do socorro que pode tirá-lo da lama? Os bons espíritos vêm assim em seu auxílio, e seus conselhos, que ele recebe diretamente, são de natureza a impressioná-lo mais vivamente, do que se os recebesse de maneira indireta.*
>
> **Allan Kardec**
> (*O Evangelho segundo o Espiritismo*, cap. 24, item 12.)

Aviso

Está sendo procurado:
Homem considerado galileu.
Trinta e três anos.
Pele clara e expressão triste.
Cabelos longos e barba maltratada.
Marcas sanguinolentas nas mãos e nos pés.
Caminha, habitualmente, acompanhado de
mendigos e vagabundos, doentes e mutilados, cegos
e infelizes.

Onde aparece, frequentemente, é visto entre grande séquito de mulheres sendo algumas de má vida, com crianças esfarrapadas.

Quase sempre está seguido por 12 pescadores e marginais.

Demonstra respeito para com as autoridades, determinando se dê a César o que é de César, mas espalha ensinamentos contrários à Lei antiga, como sejam:

– o perdão das ofensas;

– o amor aos inimigos;

– a oração em favor daqueles que nos perseguem ou caluniam;

– a distribuição indiscriminada de dádivas com os necessitados;

– o amparo aos enfermos, sejam eles quais forem;

– e chega ao cúmulo de recomendar que uma pessoa espancada numa face ofereça a outra ao agressor.

Ainda não se sabe se é um mágico, mas testemunhas idôneas afirmam que ele multiplicou cinco pães e dois peixes em alimentação para mais de cinco mil pessoas, tendo sobrado 12 cestos.

Considerado impostor por haver trazido pessoas

mortas à vida, foi preso e espancado.
Sentenciado à morte, com absoluta aprovação
do próprio povo, que o condenou, de preferência
a Barrabás, malfeitor conhecido, recebeu insultos e
pedradas, sem reclamar, quando conduzia a cruz
às costas.
Não se ofendeu, quando questionado pela Justiça,
complicando-se-lhe a situação, porque seus próprios
seguidores o abandonaram nas horas difíceis.
Sob afrontas e zombarias, foi crucificado entre
dois ladrões.
Não teve parentes que lhe demonstrassem
solidariedade, a não ser sua mãe, uma frágil mulher
que chorava aos pés da cruz.
Depois de morto, não se encontrou lugar para
sepultá-lo, senão lodoso recanto de um túmulo por
favor de um amigo.
Após o terceiro dia do sepultamento, desapareceu
do sepulcro e já foi visto por diversas pessoas que
o identificaram pelas chagas sangrentas dos pés e
das mãos.
Esse é o homem que está sendo
cuidadosamente procurado.

Seu nome é Jesus de Nazaré.

Se puderes encontrá-lo, deves segui-lo para sempre.

Maria Dolores
Do livro: *Coração e vida* – Editora Ideal
Médium: Francisco Cândido Xavier

VOCÊ PRECISA CONHECER

O faraó Merneftá
Vera Kryzhanovskaia / J. W. Rochester (espírito)
Romance mediúnico • 16x22,5 • 304pp.

O que realmente ocorreu quando Moisés libertou o povo judeu da escravidão e do exílio? O que ele e os hebreus fizeram para conseguir isso? Como foi a resistência dos egípcios? O livro traz "episódios que ajudarão a esclarecer esse passado remoto, envolto no véu dos séculos".

O Evangelho de Maria Madalena
José Lázaro Boberg
Estudo • 14x21 • 256pp.

Neste livro, José Lázaro Boberg busca reconstruir a verdade sobre Maria Madalena, uma das personagens femininas mais fortes da literatura antiga e que está presente nas reflexões espíritas. O que dizem os outros evangelhos? Ela foi esposa de Jesus? Foi prostituta? Foi a verdadeira fundadora do cristianismo?

Triunfo de uma alma
Ricardo Orestes Forni
Autoajuda • 14x21 • 200pp.

Yvonne do Amaral Pereira teve imensa força interior para realizar o triunfo de uma alma em sua última reencarnação. Mais do que uma homenagem, este livro é um importante alerta a todos nós viajantes na estrada evolutiva, sobre a colheita da semeadura que realizamos na posse de nosso livre-arbítrio.

VOCÊ PRECISA CONHECER

A vingança do judeu
Vera Kryzhanovskaia / J. W. Rochester (espírito)
Romance mediúnico • 16x22,5 • 424 pp.

O clássico romance de Rochester agora pela EME, com nova tradução, retrata em cativante história de amor e ódio, os terríveis fatos causados pelos preconceitos de raça, classe social e fortuna e mostra ao leitor a influência benéfica exercida pelo espiritismo sobre a sociedade.

Getúlio Vargas em dois mundos
Wanda A. Canutti / Eça de Queirós (espírito)
Romance mediúnico • 16x22,5 • 344pp.

Getúlio Vargas realmente suicidou-se? Como foi sua recepção no mundo espiritual? Qual o conteúdo da nova carta à nação, escrita após sua desencarnação? Saiba as respostas para estas e outras perguntas, agora em uma nova edição, com nova capa, novo formato e novo projeto gráfico.

Mensagens de saúde espiritual
Wilson Garcia
Autoajuda • 10x14 • 124pp.

"A leitura (e releitura) deste livro de bolso muito me ajudou na sustentação do nível vibratório elevado. Abençoadas mensagens! Toda pessoa, sã ou enferma, do corpo ou da alma, deveria ter esse livreto luminoso à cabeceira e ler uma mensagem por noite"

Do jornalista e médium
Jorge Rizzini, em 1994.

---

*Não encontrando os livros da EME na livraria de sua preferência, solicite o endereço de nosso distribuidor mais próximo de você através de
Fones: (19) 3491-7000 / 3491-5449
(claro) 99317-2800 (vivo) 99983-2575 ☏
E-mail: vendas@editoraeme.com.br – Site: www.editoraeme.com.br*